JN436586

아침에 창을 열면

아침에 창을 열면

이근풍 시집

오늘의문학사

◆ 序詩 ◆

식었던 가슴에
불을 지핀다.
가슴 따뜻해지도록
사랑을 담는다.

세파를 헤쳐가며
혼탁해진 마음,
맑아지기 바라는
향기를 담는다.

한편의 시를 통해
희망을 찾는다.
행복을 느끼며
마음을 닦는다.

序詩 • 13

1부_시 행복을 찾아서

매화 …… 23
할미꽃 …… 24
양귀비 …… 25
박꽃 …… 26
산나리 …… 27
꽃은 …… 28
찔레꽃 1 …… 29
찔레꽃 2 …… 30
행복의 근원 …… 31
시골 5일장 …… 32
욕심의 찌꺼기 …… 33
오직 한 마음 …… 34
흙의 신음소리 …… 35
보석임을 모르고 …… 36

2부_시조 솟아나는 그리움

봄맞이 39
봄날에 40
새 생명의 불꽃 41
청개구리 42
꽃눈을 보며 43
냉이 44
질문 받았을 때 45
담쟁이 46
사랑은 47
삶이란 1 48
삶이란 2 49
숲은 50
가슴에 싹튼 희망 51
친구 그리운 날이면 52
하나가 되어 53
시간이 흐를수록 54
외로운 길손 55
가을이 가기 전에 56
가을산 57
어느덧 세월 흘러 58

3부_시 아침에 창을 열면

이른 봄이면 …… 61
꽃이라 해도 …… 62
승리의 월계관 …… 63
모닥불 …… 64
희망의 불빛 …… 65
밤하늘 별이 되어 …… 66
마음의 문 …… 67
어버이날에 …… 68
청보리 밭 …… 69
어머니 마음 …… 70
아침에 창을 열면 …… 71
등 떠밀어도 …… 72
가던 길 멈추고 …… 73
눈 내리는 날 …… 74
가을나무 …… 75
갈대를 보며 …… 76
돌이킬 수 없는 삶 …… 77
돌아갈 수 없는 길 …… 78
먼 나라 여행길 …… 79
종착역 …… 80

4부_시조 뜨거웠던 가슴도

들녘의 새싹처럼 ………… 83
병 앓이 이후 ………… 84
표준계량기 ………… 85
가산 형 ………… 86
꿈의 밭갈이 ………… 87
물의 지혜 ………… 88
한뼘의 해 ………… 89
유산이 아닌데도 ………… 90
가슴에 담으려네 ………… 91
보통사람들 ………… 92
업보 ………… 93
밤하늘 별을 보며 ………… 94
이제는 ………… 95
살아보면 ………… 96
마지막 등불 ………… 97
빈자리 ………… 98
어려움 이겨내고 ………… 99
꽃구름 ………… 100

5부_시 혼자이고 싶을 때

봄날에 ………… 103
화단의 꽃들 ………… 104
소나기로 ………… 105
가을 들녘 ………… 106
삶의 편견 ………… 107
어느 날의 낚시 ………… 108
호수 ………… 109
농민들의 가슴앓이 ………… 110
제자리걸음 ………… 111
고독 ………… 112
생명의 불꽃 ………… 113
혼자이고 싶을 때 ………… 114
꽃 앞에서 ………… 115
가슴앓이 ………… 116
남아있는 온기 ………… 117
미련 때문에 ………… 118
어디에서도 ………… 119
한 그루 소나무로 ………… 120

6부_시조 인생길 오가며

가을 들녘 ………… 123
희망의 길 ………… 124
냇물 ………… 125
마음 밭 ………… 126
수연(壽宴) ………… 127
소박한 꿈 ………… 128
촉불 앞에서 ………… 129
인생길 오가며 ………… 130
그대 가슴에 ………… 131
홀로서기 ………… 132
하나를 얻었을 때 ………… 133
후회 없이 살기 위해 ………… 134
철저한 사격연습 ………… 135
작은 것 낮은 곳에 ………… 136
눈 내리는 날 ………… 137
시 쓰기 ………… 138
시의 열매 ………… 139
인생길 1 ………… 140
인생길 2 ………… 141

1부_시

행복을 찾아서

매화

비바람 눈보라 몰아친다 해도 내공 다지네. 인내의 시간 길수록 더 선명한 꽃이 맑은 향기 전하네. 고결한 선비 정신 끝까지 지키며 봄을 알리네.

매향(梅香)은 누리를 감싸도
받을 사람만 미소를 짓네.

할미꽃

봄날의 고향길 고갯마루 할미꽃, 나란히 서서 고향 찾는 길손에게 허리 굽혀 인사하네. 이듬해 다시 고향 찾아갔을 때는 제일 먼저 반겨주던 할미꽃들이 보이지 않고, 빈 하늘에 바람만 흐르네.

할미꽃 빈자리에 웃고 섰는 망초야
등 굽은 겸손함을 배우지도 않느냐.

양귀비

짙게 화장하고
유혹하네.

절대로
흔들리지
않겠다고
다짐하던
사람들.

자신도 모르게
꽃잠에 드네.

박꽃

보기만 해도
맑아지던 마음

어머니 가슴에서
피어나던 꽃

고향 집 어머니
그리워 찾아도

함께 가셨을까,
가뭇없는 먼 길.

산나리

서슬 퍼런 지난날의 권세를 어디에 내려놓고, 여름 지나 어찌 그처럼 초라하게 서 있는가. 아름다움도 추함도 때를 따라 달라지는가. 오랜 수행의 시간을 보냈으니, 이제 화려하게 부활하였으면 좋겠네.

환한 얼굴에 깨알 같은 점점(點點)
갑자(甲子)를 돌아 만난 댕기머리.

꽃은

가까이 다가서는 사람들에게 마음을 밝히고 환하게 살아가라며 등을 하나 달아주네. 아름다운 사랑을 가슴에 간직하고 살아가는 사람들에게 사랑을 전하면서 웃네.

아직도 다 전하지 못한 그리움
눈물보다 영롱한 저기 저 화심(花心)

찔레꽃 1

고향을 생각하면 제일 먼저 떠오르는 고향 사람 닮은 꽃이다. 고향을 떠나 사는 사람의 가슴에서 피어나고, 고향을 그리워하는 가슴에서 지는 꽃이다. 고향 찾아 갔다가 떠날 때, 잊지 말고 다시 오라며 따뜻한 눈빛이 산기슭에 어린다.

성황당 굴참나무에
소원 담은 천 조각들
바람에 날리듯이
애잔하게 흔드는 손.

찔레꽃 2

모두가 떠나고 그림자만 남아 있는 고향 마을 빈 자리를 굳굳하게 지킨다. 고향이 그리워 찾아오는 사람들에게 고향 방문 환영 인사를 하얀 웃음으로 대신한다. 모두 떠난 고향마을을 지키는 친구, 정다운 대화로 향수를 달랜다.

찢어진 플래카드
하늘에 나부껴도
맑은 사랑으로
하얗게 흔드는 손.

행복의 근원

마음 맑지 않은
사람에게는
자연의 숨결 소리
들리지 않고

눈 맑지 않은
사람의 눈엔
사물 본연의 아름다움
보이지 않는다.

맑은 마음
맑은 눈으로
사는 게
행복의 근원이다.

시골 5일장

사람냄새 나는 곳

정을 담아 가기 위해
모여드는 곳

꿈을 실어 나르는 곳

흥정하며 실랑이를 해도
웃으며 헤어지는 곳

잡은 손 다시 잡는 곳

욕심의 찌꺼기

걸러내지 않으면
부식된다.

맑은 눈 마음 갖고
살아간다면

욕심의 찌꺼기
끼어들 틈새도 없다.

오직 한 마음

어머님께서
이승 하직하실 때

매화 꽃 피는 3월에
떠나게 해 달라고
정성어린 마음의 기도
하늘에 닿았음인지

그 소망 이루신 어머님
오직 기도를 통해
이루어 내신 소망

자식들에게 남기신
크신 사랑 교훈이었네.
삶의 깨달음이었네.

흙의 신음소리

해가 갈수록 늘어가는
인간의 탐욕

흙의 숨통 막아
질식사 늘어가고

만성피부병에 감염된
흙의 심음소리

멍이 드는데도
신음소리 못 듣는 가슴.

보석임을 모르고

인생길 동반자로
한 평생
살아온 아내.
세상 제일의
보석임을 알지 못했네.
빛나는 보석
눈앞에 두고
살아오다가
따뜻한 가슴
맑은 눈으로
희수(喜壽)를 넘기네.
빛나는 보석이
동반자였네.

2부_시조

솟아나는 그리움

봄맞이

해맑은 웃음 웃고
아장아장 걸어오네.

반가움에 마중나간
나를 보고 달려오네.

봄날의 맑은 향기가
온몸으로 번지도록.

봄날에

나무들이 꿈을 꾸네.
영롱한 옷을 입네.

꿈을 이룬 나무들이
웃음꽃을 피우고

새봄을 여는 축제에
이웃들을 초대하네.

새 생명의 불꽃

산과 들에
새 생명이
불꽃을
터트리네.

불꽃놀이
축제 열면
가슴 또한
뜨겁네.

영혼도
저 불꽃처럼
아름답게
꽃이 피네.

청개구리

비 내리는 날이면
청개구리 울어댄다.

개골개골 청개구리가 운다. 무덤이 쓸려갈까 청개구리가 운다. 어버이 살으실 제 가르침 듣지 않고 허구한 날 개구쟁이로 어버이 가슴앓이하게 하던 일을 후회하며 운다. 때늦은 후회 돌이킬 수 없는 데도 생전의 불효로 가슴이 아파 개골개골 운다.

빗물에 온 몸을 맡기고
청개구리 울어댄다.

* 사설시조

꽃눈을 보며

꽃나무 눈을 뜨는
이른 봄 날 밝으면

아내는
화단에서
나무와 눈 맞추고

꽃눈과
대화를 하며
행복하게 웃는다.

냉이

해님 사랑 듬뿍 받고
들녘에서 자란 냉이.

푸른 꿈을 가꾸듯이
봄의 향기 나누네.

어머니 따스한 손길
꽃보다 더 고운 정.

질문 받았을 때

정령 같은 들꽃들이
손 흔들며 반긴다.

진정한 눈빛들이
한 마음을 만든다.

남 위해 울어 보았나?
솟아나는 부끄럼.

담쟁이

끈질기게 앞으로
다시 한 번 앞으로

어떠한 장애물도
힘을 내어 넘으리.

두려움
저 멀리 떨치고
앞으로만 나가리.

사랑은

그 사람 떠났어도
남아 있는 온기들

가슴에서 식지 않는
뜨거운 울음처럼

생명이
꺼지는 날까지
타오르는 열정이다.

삶이란 1

사랑도 삶인 거야.
아픔도 삶인 거야.

성숙이 불러 오는
아픔과 그리움들

욕심을
비우는 일이
거짓 없는 삶인 거야.

삶이란 2

꽃이 필 때 기쁨도
우리를 성숙시킨다.

꽃이 질 때 아픔도
우리를 성숙시킨다.

기다림
뒤에 찾아오는
그대가 더 반갑다.

숲은

푸르른 마음으로
아름답게 서 있네.

숲은 찾아가는 사람들에게 자신이 가진 모든 것을 아낌없이 내주며 그 품에 안아주네. 계절 따라 그늘도 만들어주고 바람도 막아주네. 잃었던 활기 찾게 해 주고, 새들의 보금자리 만들어주네. 날로 더해가는 푸르름 속에 싱그러운 향기 전하네. 새 생명 키워내는 어머니의 품, 사계절 변함없이 사랑받는 건 사람들의 몸과 마음 맑게 해주고 맑은 공기 전해 주기 때문이라네.

우리도 이 숲 안에서
푸르름을 가꾸네.

* 사설시조

가슴에 싹튼 희망

인생살이
고달프다.
괴로워
말라하네.

가슴에
싹튼 사랑
반드시
피어난다네.

아침 해
구름을 걷듯이
기다리면
솟는 해.

친구 그리운 날이면

한 평생
따듯하게
가슴도
따듯하게

자신보다
상대 먼저
배려하는
마음이게

목 메인
세상살이라도
사랑으로
살아가게.

하나가 되어

친구가 떠났어도
가슴에
남아있네.

떠나는 길 서글퍼서
우리 곁에
남아 있네.

인생길 같다고 해도
그대 하나
나 하나.

시간이 흐를수록

암과 마주 서서
피 터지게 싸웠네.

일진일퇴 다투며
격전을 계속하네.

가쁜 숨
가파른 고개
눈물 속의 성황당.

외로운 길손

지난날의
삶의 애환
모두 잊고
살아간다.

이루지 못한 꿈이
미련으로 살아나네.

아뿔사
날개도 못 펴고
홀로 남은
이 자리.

가을이 가기 전에

황금물결 출렁이는
들녘을 찾는다.

그대의 마음 자락
눈빛으로 좇는다.

저 멀리
그대의 숨결
술 취한 듯 아른댄다.

가을산

화려한
무대 의상
새롭게
갈아입고

춤사위 보여주며
부르는 노랫소리

사랑은
이별을 낳고
이별 또한
석양빛.

어느덧 세월 흘러

나도 잘 나갔단다.
한때는 그러했단다.

맑은 향기 묻어나는
아름다운 꽃이었단다.

어느덧
세월이 흘러
흔들리는 잎새란다.

3부_시

아침에 창을 열면

이른 봄이면

봄 향기 전하며
들로 나오라네.
바람이 귓속말을 하네.

바람결에
실어 보낸 봄 향기
온몸으로 번져 가면

바구니 옆에 끼고
봄 향기 가득 담아
돌아오는 웃음꽃.

꽃이라 해도

아름다운 꽃이라 해도
꽃 나름이란다.

어떤 꽃은
보고 또 보아도
다시 보고 싶은 꽃도 있고

어떤 꽃은
단 한 번 보고 나면
다시 보고 싶지 않은
꽃도 있단다.

승리의 월계관

홀로서기는
자신과의 싸움이다.

넘어지고 고꾸라져도
오뚝이처럼
벌떡 일어서야 한다.

자신과의 싸움에서
이겨야 한다.

승리의 월계관 쓰고
주인공으로
우뚝 서야 한다.

모닥불

가슴이
비어 있는
외로운 이에게
사랑의 온기
나누고 싶네

마음의
갈피
잡지 못하고
방황하는
청소년들에게

다시
일어설 수 있는
희망의
불씨가
되고 싶네.

희망의 눈빛

어느 곳에 있어도
빛을 발한다.

아름다운 꿈을 꾸고
목표 정하면

그 꿈 이룰 수 있게
죽음도 유예된다.

누구에게나
이루어 나갈 목표

생명의 끈 이어가는
힘의 원천이다

밤하늘의 별이 되어

이승 떠난 친구
보고픈 날이면
밖에 나가서
밤하늘의 별이 된다.

초롱한 눈빛으로
떠나는 밤길
어둠을 밝혀주는
밤하늘의 친구가 된다.

마음의 문

세상에서
가장 열기 어려운
문이
마음이라네.

굳게 잠겨 있는
문
좀처럼
열리지 않는다네.

열릴 듯하다가
다시
잠기는
문.

어버이날에

며칠 방안에
갇혀 있는 사이
햇빛과 사랑이 그리운지
눈빛이 다르다.

딸애가 사다 놓은
카네이션 화분.

안타깝다며
아내가
햇빛 잘 드는
화단으로 옮긴다.

사랑의 보금자리에서
활기가 돈는다.

청보리 밭

봄날 긴긴 해에
허기진 배
냉수로 채우시며

사래 긴 보리 밭
가꾸시던 어머니가
둥근 달로 떠오르시네.

봄날 보리밭에는
어머니의 땀방울,
긴 한숨이 배어있네.

오랜 세월 흐른
아직까지도
고향의 보리밭에선
어머니 노래 소리가
바람결에 들리네.

어머니 마음

오랜 세월
관절염을 앓아 오신 어머니
그 아픔
밖으로 드러내지 않으셨네.

참기 어려운 통증이
물결처럼 엄습해도
가족 앞에서
웃음 잃지 않으셨던 어머니.

그 통증을 내가 겪으며
어머님이
이겨내신 인내
가슴에서 여울소리를 내네.

아침에 창을 열면

아침에 창을 열면
해님도 웃으면서
창을 통해 들어오고

아침에 창을 열면
산뜻한 꽃향기도
햇빛 타고 들어오고.

등 떠밀어도

이승 떠나라
등 떠밀어도

살아오며
쌓인 한
풀어내기 전에는
떠날 수 없다고
팽팽한
힘겨루기.

잡아끌어도
문고리를 잡고.

가던 길 멈추고

마음 가다듬고
다시
출발선에 서서
힘차게 출발해 보지만
속도가 붙지 않네.

가던 길 멈추고
뒤돌아보는 사이
모두 지나고
뒤따라오는 이
바람뿐이네.

눈 내리는 날

눈 내리는 날이면
하늘 문 열리는 날

너와 내가 따로 없네.

카페에 앉아
눈 내리는 정경 보면

눈과 마음 맑아지네.

가을나무

나무가
버리는 연습을 하네.

겹겹 껴입었던 옷
훌훌 벗어던지고

당당히 서서
추위도 이겨내고

새 봄맞이
마음만으로도 행복하다네.

갈대를 보며

찰랑거리는
물결
흔들리는 마음.

바람에 흔들리는
외로움.

돌이킬 수 없는 삶

인생길 끝자락에
다다랐을 때
크고 작은 후회가
뒤따른다네.

누구나
되돌아보았을 때,
작은 후회라면
가장 잘 산 거라네.

돌이킬 수 없는 삶에
때늦은 후회
없도록
여유롭게 가야하네.

돌아갈 수 없는 길

가던 길 멈추고
뒤돌아보네.

돌아갈 수 없는 길

너무 멀리 와 있는
나를 보네.

먼 나라 여행길

이제
그대와 헤어져
먼 나라
여행길
떠나야 할 시간

가는 길은 있어도
돌아올
길이 없다네.

그런 길
어디 있느냐
묻지만
우리 모두 가야 할
여행길.

종착역

여행 끝
종착역에
내리니
같이 갈 동무
아무도 없네.

산 넘고
물 건너도
쉬어갈 주막 하나
보이지 않는
길.

4부_시조

뜨거웠던 가슴도

들녘의 새싹처럼

들녘에서
불어오는
봄날의 바람결에

묻어나는
봄 향기
코 끝에 스며들어

길손의
여린 가슴에도
새 희망이 돋는다.

병 앓이 이후

앓고 나면 철이 들지
세상 사는 이치지.

새 생명 얻은 것 같은 기쁨으로 충만했고, 상대를 이해하는 마음도 넓어졌다. 하루하루의 삶이 새로워졌으며 사물 하나하나가 아름다워 보였다. 한 단계 성숙된 사람으로 다시 태어나 감사할 줄 아는 마음, 생의 소중함을 깨달아 새로운 삶 열어나간다.

이제는 아프지 않아도
철이 들기 바랄 뿐.

* 사설시조

표준계량기

그대 인격
달아 보게.
그대 양심
달아 보게.

기준치를 넘어서면
가치 있는 삶이라네.

자신을
표준계량기에
올려놓고
돌아보게.

가산 형

시집 내면
자신처럼
기뻐하던 가산 형

언제나
한결같이
꿈에도
변함없이

시를 읽고 사랑하던
고마운 형
가산 형.

꿈의 밭갈이

씨앗 뿌려 가꾸고
북돋우고 꽃 피워서

흘리는 땀방울로
열매 맺게 하는 것.

스스로
가꾸어 가는
꿈결 같은
밭갈이.

물의 지혜

아래로만 흐른다.
돌아보지 않는다.

만물의 근원, 생명의 원천으로 스스로 오염물질을 정화하네. 흘러가며 웅덩이를 만나게 되면, 잠시 쉬어 갈 줄도 굽이돌아 갈 줄도 아네. 흐를 곳 낮추고, 또 낮추며 사람들의 눈과 마음을 맑게 하네. 귀까지 열어주는 물, 삶의 지혜 그 소중함을 일깨우네.

가다가 길이 막히면
빙글 돌아 흐른다.

* 사설시조

한뼘의 해

노을 빛
석양 길
걷고 있는 나그네

아직도
길은 먼데
해넘이가 슬프네.

나그네
무거운 발길
남아 있는 저 한 뼘.

유산이 아닌데도

한 세상 살아가며
남에게 못 박은 일

해서는 안 되는데
나도 몰래 돌 던진 일

유산이 아니라 해도
멍에처럼 남는 일.

가슴에 담으려네

도심의 불야성을
손잡고 걸으려네.

서로가 마주 치면
미친 듯 웃으려네.

지난 날
아팠던 사랑
눈물 속에 담으려네.

보통사람들

아름다운 인생살이
낮은 곳에 있다는 것

평범하게 살아가는
인정 많은 사람들

격식에 얽매지 않고
자유롭게 사는 것.

업보

업보는 질기단다.
그 끈은 무섭단다.

아무리 끊어내도
다시 옭는 올가미

차생을 위해서라도
북돋우는 선업들.

밤하늘 별을 보며

이승 떠난 친구 찾아
별을 보며 그린다.

수많은 밤을 새워
친구 별을 만난다.

가끔은
구름이 가려
어둠 씻는 눈물들.

이제는

젊은 시절 꿈을 찾아
한 평생을 방황하다

이제는 마음 밭에
푸르름을 가꾸면서

세상사 모두 비우고
번뇌 또한 거두고.

살아보면

한시도 조용하게
지나가지 않느니.

왜 이렇게 복잡한지
살아 보면 아느니.

법정이 찾은 무소유
생각하면 보이느니.

마지막 등불

상품이 아닌데도
양심을 파는구나.

죄책감을 벗어 놓고
의리를 버리는구나.

마지막 등불인데도
잦아드는 저 불꽃.

빈자리

날이 가고 해가 가도
채우지 못한다네.

빈자리가 늘어나서
다시 벋는 욕심 덩굴

세월이 약이라 해도
천석고황 그대로.

어려움 이겨내고

오랜 세월 꿈꾸던
아름다운 저 사랑

행복이 날개 달고
저 멀리 날아가네.

자신의
자리 지키며
안분지족 참 진리.

꽃구름

나이테 늘어나며
깨달은 세상 이치

이승을 떠날 때는
꽃구름을 타리라며

맑은 날
푸른 하늘에
내 마음을 얹는다.

5부_시

혼자이고 싶을 때

봄날에

산과 들이 부른다.
보여줄 것 있다며
손을 이끈다.

그곳에는
해맑은 웃음
들려줄 노래 있단다.

웃음 노래가
마음을 바꾸고
삶을 바꾸어 준단다.

화단의 꽃들

아내가 사랑으로 가꾸어 놓은 화단의 꽃들, 아내가 찾아가 어루만지면 기쁨의 표시인지 방실방실 웃는다. 주변의 잡초를 뽑아줄 때면 고마움의 인사로 잎새를 흔든다.

내 마음일까
저 잎새,
저 손짓은.

소나기로

생활하며 쌓인
삶의 고뇌
한바탕 소나기로
쏟아내고 나면
가슴에선
새로운
희망의 빛
무지개가 뜬다.
새로운
맑은 생수
가슴에서 솟는다.

가을 들녘

추수 끝난 들녘
바라볼 때면
공허한 가슴으로
들어오는 바람
외로움만 남기고
길을 떠나네.
가득 채우기 위한
기다림의 시간
길어져가네.

삶의 편견

지난날의 편견이
낙엽으로 날리네.

모두 진 줄 알았던
몇 개의 잎새.

어느 날의 낚시

친구와 낚시를 갔다.
물 맑은 섬진강 상류,
그 많던 물고기들
어디로 이사했을까.
하루 종일
낚싯대
드리우고
하늘의 흰구름만 낚았다.

호수

초대형 거울이란다.
흘러가던 구름도
산도 내려와
쉬어가란다.

농민들의 가슴앓이

봄날의 푸르른 희망
여름날의 땀방울
가을의 가슴 벅찬 풍요가
농산물 값 하락으로
물거품 되었다.
농민들의 가슴앓이
그 누가 치유해주며
그들이 흘린 눈물
누가 닦아 주겠는가
타들어가는 저기 저 가슴.

제자리걸음

한평생 옆도 뒤도
돌아보지 않고
오직 앞만 보고
달려갔던 사람도
끝없이 달려가다
정신 가다듬고
가던 길 멈추고 보니
제자리였단다.
그 타령이었단다.

고독

동반자로
같이 살고 싶다며
내 가슴 한 켠에
집을 짓던 그대

이곳은
그대 살 곳
이곳은
함께 살 곳

이 세상 어느 곳도
이처럼 따듯한 곳
없다 하면서
끝까지 같이 가잔다.

생명의 불꽃

바람 불지 않는데도
생명의 불꽃
흔들리네.
세월이 갈수록
흔들리는 속도
빨라져가네.
이처럼 흔들리다간
어느 때 꺼질지
예측할 수 없는
생명의 불꽃.

혼자이고 싶을 때

간혹 마음의 안정을 찾을 수 없을 때면 혼자이고 싶을 때가 있다. 때로는 새벽에 창을 두들기는 빗소리, 낙엽지는 소리 들려올 때면 혼자이고 싶을 때가 있다. 거센 물줄기로 끝없이 흐르고 싶고, 아린 가슴 씻어가는 파도이고 싶을 때, 불현 듯 누군가가 그리워질 때가 있다.

향수에 젖어드는
수평선 바라보며
혼자이고
싶을 때가 있다.

꽃 앞에서

필 때의 아름다움
가슴 설레고.
질 때의 눈물
가슴 싸하네.
받고 싶은 사랑
가까이 다가가
가슴 속 이야기
시원히 털어놓고
보다 맑은 향기
선물로 받아오면
그 향기 오래도록
여운으로 남네.

가슴앓이

해가 갈수록
심해지는 가슴앓이.
진단 받아도
이상 없단다.
약으로 치유되는 병
아니라 한다.
자신의 가슴앓이
치유할 수 있는 사람
자신뿐이란다.

남아있는 온기

이미 진 동백꽃 넋이
먼 길 떠나지 못하고
옹기종기 모여앉아 있네.

남아있는 작은 온기
몸과 몸 맞대고
서로를 지켜가면서 사네.

오가는 길손에게
도움을 청하는데도
해줄 게 노래밖에 없다네.

미련 때문에

이른 봄날에
화사하게 피어날
꽃봉오리.
짓궂은 비바람에
피어보지도 못하고
꽃잎으로 지면서
눈물 흘리네.
푸르렀던 꿈
산산조각
꽃잎으로 흩날리며
이루지 못한 꿈
미련 때문에
길을 떠나지 못하네.

어디에서도

다정했던 친구 모습
찾을 수 없어
안타깝네요.
불러도 대답 없는
메아리가
외로움 더하네요.
세월 흘러도
가슴에 남아 있는
친구의 모습
지워지지 않네요.

한 그루 소나무로

오천년 역사
민족혼 담겨있는
사계절 푸르름
한 그루 소나무

변함없는 푸르름
끝까지 지켜가며
어떤 삶이 값진 삶인가
교훈으로 일깨워주네.

6부_시조

인생길 오가며

가을 들녘

가을 들길 걸으며
친구들을 만난다.

들국화 코스모스
벼이삭을 만난다.

바람이 타는 연주곡
가슴 가득 행복감.

희망의 길

새로운 세계 찾아
나갈 수 있어야지.

예비한 생명의 길
인도하는 이른 봄

헤매던
길을 찾아서
나와 그대
손 잡자.

냇물

얘기하며 가잔다.
냇물이 흐르잔다.

정다운 노래들을
합창으로 부르잔다.

같은 길 멀리 가려면
어깨동무 하잔다.

마음 밭

그대의 마음 밭에
꽃씨를 뿌리려네.

사랑을 담뿍 담아
행복을 피우려네.

나보다
그대를 위해
남은 땅에 가득히.

수연(壽宴)

정신력 약해지면
무너지는 신체라네.

병마도 약자만을
골라서 깃든다네.

잡초도
건강 지켜야
오래도록 산단다.

소박한 꿈

소리 내어 솟아나는
샘물이고 싶었다.

소래 내어 흐르는
냇물이고 싶었다.

물가에 꽃을 피우는
물결이고 싶었다.

촛불 앞에서

어둠을 밝히려고
촛불을 밝혔다.

바람 불지 않는데도
흔들리는 저 촛불

그대를 향한 내 마음
촛불 속에 담았다.

인생길 오가며

지금까지 살아오며
내 아픔만 생각했지.

그대의 외로움을
생각한 일 있었던가.

병상에
혼자 누워서야
외로움을 깨달았다.

그대 가슴에

그대 가슴 찾은 것은
외롭기 때문에서야.

내 가슴에 살아 있는
사랑이 애달파서야.

우리가 나누던 밀어들
머리 가득 떠돌아서야.

홀로서기

세상에 태어나서
걸음마를 배우듯이

시작되는 홀로서기
외로운 인생길

동반자 있다 하여도
혼자 가는 먼먼 길

하나를 얻었을 때

많은 것을 얻기보다
작은 것에 만족하자.

인생길 가며 얻으면 얻을수록 더 많은 것 얻으려는 욕심이 늘어만 가네. 하나를 얻었을 때 잃은 것은 무엇인가. 다시 한 번, 자신의 삶 하나하나 점검해 보게.

먼 훗날 후회 없도록
옷자락을 여미자.

* 사설시조

후회 없이 살기 위해

지난날
되돌아보며
자성의 시간
가지려네.

잘한 일은
모두 잊고
잘못한 일만
고치려네.

앞으로
남은 세상을
후회 없이
가꾸려네.

철저한 사격연습

총기 실탄 휴대 않고
무슨 승산 있겠는가.

철저한 사격연습
백발백중 명사수.

요행이 없다는 것을
명심해야 하느니.

작은 것 낮은 곳에

아름다운 행복은
낮은 곳에 있다네.

작아도 속이 차면
반듯할 수 있다네.

저기 저
아름다움 속에
행복의 꽃 핀다네.

눈 내리는 날

젊은 열정 식지 않고
가슴에 남아 있다.

눈 내리는 날이면
오라는 이 없어도

지난 날
뒤돌아보며
새 활로를 펼치네.

시 쓰기

먼 길을 찾아가네.
힘들면 쉬어가네.

시를 찾아 떠나는 날에 새로운 기대 희망으로 가슴이 뛰네. 시를 가까이 할 수 있었기에 행복은 배가 되었네. 시가 없었다면 인생 길 얼마나 삭막하고 외로웠을까. 일찍이 시의 싹 발견하고 칭찬해 주셨던 어머니 사랑의 힘이 시의 씨앗 되었네. 시 쓰기는 항상 새로운 활력이네. 행복의 생수를 솟게 하네.

옹달샘 다다른 곳에
맑은 노래 마중물.

* 사설시조

시의 열매

시 창작은 땀의 결실
땀으로 여는 세상.

가을이면 주렁주렁 시의 열매가 많이 열려 있네. 가까이 다가가 막상 따려하면, 잘 익은 열매가 보이지 않네. 고르고 고른 끝에 따낸 시 열매 하나, 햇빛에 반사된 설익은 열매.

빛깔이 아름다우면
맛도 향도 일등품.

* 사설시조

인생길 1

오르막에 다다르면
미끄러지지 않도록

주위를 살피면서
조심조심 내리도록

마음을
가다듬으면
넘어져도 오뚝이.

인생길 2

출발선은 같아도
인생길 가다보면

갈림길이 나타나고
그 길에 다시 서면

갈 길을
망설이다가
자신의 길 찾는다.

아침에 창을 열면

이근풍 시집

발 행 일 | 2013년 2월 22일
지 은 이 | 이근풍
발 행 인 | 李憲錫
발 행 처 | 오늘의문학사
출판등록 | 제55호(1993년 6월 23일)

주 소 | 대전광역시 동구 삼성1동 125-6 한밭오피스텔 401호
전화번호 | (042)624-2980
팩시밀리 | (042)628-2983
홈페이지 | http://www.lito77.co.kr(홈페이지)
전자우편 | hs2980@hanmail.net

공 급 처 | 한국출판협동조합
주문전화 | (070)7119-1741~2
팩시밀리 | (031)944-8234~6

ISBN 978-89-5669-543-3
값 10,000원